AF284545

Michael Felske

Endlich schlagfertig!

Trainingsmodul „Sprechdenken optimieren"

Bibliografische Information der Deutschen National-bibliothek:
Die Deutsche Nationalbibliothek verzeichnet diese Publikation in der Deutschen Nationalbibliografie; detaillierte bibliografische Daten sind im Internet über http://dnb.dnb.de abrufbar.

Fotos: Michael Felske

Herstellung und Verlag: BoD – Books on Demand, Norderstedt

ISBN: 978-3-7528-62522

Inhaltsverzeichnis

Vorwort

„Kommunikation ist alles" behauptet der Wissenschaftler Paul Watzlawik. Und das völlig zurecht! Jeder Schüler, der vor der Klasse steht um ein Referat zu halten, unterschreibt das sofort. Insbesondere dann, wenn er von Haus aus nicht in der Lage ist ein rhetorisches Feuerwerk abzufeuern sondern eher zu den schüchternen Zeitgenossen zählt. Mir ging es genauso und es dauerte während des Studiums noch einige Monate an. Getreu dem Motto „Das Ziel befindet sich hinter Deiner Angst" nahm ich einen Job im Call-Center an. Damals betrieben wir Meinungsforschung und mussten es schaffen, die Menschen am Telefon von ihrem Alltag abzuhalten. Die ersten Minuten, mein erster Anruf – „Das schaffst Du nie", war ich mir sicher. Doch im Verlauf der Zeit spürte ich wie einfach es doch ist Menschen durch Worte, Sätze, durch Reden zu beeinflussen. Dies gelingt mit Übung und Gehirntraining. Die dadurch erlangten Fähigkeiten brauchen Sie beruflich, in Schule und Studium aber vor alle auch in Vorstellungsgesprächen. Können Sie über sich und Ihre Fähigkeiten berichten sind Sie im Vorteil gegenüber dem Kandidaten in einem meiner früheren Trainings, der meinte „Handwerker müssen nicht reden!" Dass er sich mit dieser Aussage täuschte, spürte er nach einigen Übungsstunden. Ihnen wünsche ich viel Erfolg bei Ihrem Training mit dieser Broschüre.

Ihr *Michael Felske*

Was ist eigentlich „Sprechdenken"?

Dem Thema auf die Schliche kommen möchte ich zuerst mit einer wissenschaftlichen Definition: Sprechdenken sei ein "Dialektischer Vorgang des Denkens während des Sprechens und des Sprechens während des Denkens" oder "Sprechdenken ist der Vorgang des simultanen und sukzessiven Ablaufs von Denken und Sprechen. Dabei werden innersprachlich programmierte Vorstellungen (vgl. Wygotski, Barthel) oder kommunizierende Vorstellungen (Drach) in phonetische Abläufe umgesetzt" schreibt Franziska Fuchs in ihrem Aufsatz „Umfrageerhebung zur sprechwissenschaftlichen Fachsprache während der DGSS-Tagung in Duisburg 1993" in der Fachzeitung „sprechen", Zeitschrift für Sprechwissenschaft - Sprechpädagogik – Sprechtherapie – Sprechkunst, 1/1997, S.54-62.

Meinen Teilnehmern in den Kursen habe ich es deutlich einfacher erklärt. „Im Gehirn gibt es eine Abteilung, die für das Sprechdenken zuständig ist. Dort – so können Sie es sich vorstellen – sitzen kleine Kobolde. Sie schnitzen Buchstaben, setzen diese zu Worten zusammen, formen Sätze daraus und schieben die dann einen nach dem anderen herunter auf Ihre Zunge. Dann können Sie sprechen. Je schneller geschnitzt wird, desto professioneller können Sie reden, umso schlagfertiger sind Sie." Unter Umständen ist diese Erklärung zu hausbacken oder schlicht und ergreifend unprofessionell. Meiner Meinung nach ist sie vor allem eines: Klar verständlich!

Lars Schwabe, Leiter des Arbeitsbereichs Kognitions-psychologie an der Universität Hamburg, spricht in der Süddeutschen Zeitung vom 08.03.2017 Klartext. „Wer also nicht jede Kleinigkeit googeln will, sollte das Gehirn trainieren wie einen Muskel", meint er. Dazu könne man zum Beispiel in einem Buch lesen, es zuklappen und den gerade gelesenen Inhalt wieder aus dem Gedächtnis abrufen. Wer rastet, der rostet – so sei es auch mit dem menschlichen Gehirn. „Es ist nicht so, dass Informationen dann aus dem Gedächt-nis verschwinden, aber sie sind schwerer zugänglich, wenn sie lange Zeit nicht abgerufen wurden", erklärt der Fachmann.

Die Idee mit dem Inhalt aus einem gerade gelesenen Buch finde ich ganz prima. Hier geht es allerdings um das gesprochene Wort, um die Spontanität der Rede und erst in zweiter Linie um die stilistischen Feinhei-ten der Kommunikation der Inhalte. Sollten Sie daran sehr interessiert sein, dann lesen Sie Aristoteles oder irgendeines der Rhetoriktrainingbücher. Wie gerade gelesen taucht auch hier das Wort „Training" auf. Also muss ein Verfahren ran, das das prompte Reden übt. Hier half mir meine frühere Tätigkeit als Bewer-bungstrainer.

Sie haben es gehasst: Wie ich auf die Idee kam

Im Speckgürtel einer Großstadt schloss ein Unternehmen mit hunderten von Mitarbeitern für immer seine Tore. In der Nähe war ich im Einsatz als Bewerbungstrainer. Eines Tages bekam ich den Auftrag eine Gruppe Arbeitssuchender zu übernehmen, mit denen die bisherige Trainerin nicht zurecht kam, resp. die von den Teilnehmern abgelehnt wurde. Es handelt sich bei den Teilnehmern durchweg um Spezialisten ihres Fachs – meist Elektroniker, ein Drucker und andere bestens qualifizierte Handwerker. Es waren insgesamt 12 Männer zwischen 35 und 50 Jahren.

Nach einigen Aufwärm- und Kennenlernrunden kamen wir auf das Thema Vorstellungsgespräch. Hier versuchte ich mein Glück mit einigen Beispielfragen, die beantwortet werden sollten. Sofort spürte ich, dass ausnahmslos alle Kandidaten völlig aus der Übung waren und das Terrain überhaupt nicht kannten. Schließlich hatten manche ja über zwei Jahrzehnte im Betrieb erfolgreich gearbeitet und brauchten sich nie zu bewerben.

„…und außerdem kann ich Ihnen das Eine sagen", meinte der älteste Kandidat zu mir. „Ich bin Handwerker. Und Handwerker müssen nicht reden! Wir müssen nur gute Arbeit leisten!" Alle Anwesenden nickten zustimmend. „Und wie vermitteln Sie Fremden, dass Sie gute Arbeit leisten? Ihre Ex-Firma ist pleite. Da gibt es niemanden, den der neue Personalprofi wegen Ihnen anrufen kann", lautete meine Ge-

genrede. Alle Teilnehmer reagierten sofort. Sie hatten verstanden, dass hier akuter Handlungsbedarf bestand.

Gemeinsam beschlossen wir folgendes Spiel: Immer freitags von 9 bis 12 Uhr trafen wir uns. Die Stühle waren u-förmig aufgestellt. Ich bestimmte den ersten Teilnehmer, der sich vor die Gruppe stellen musste. Seine Aufgabe war es auf ein Stichwort aus der Gruppe zu reagieren und zwei Minuten darüber frei zu reden. Nach zwei Minuten gab es ein neues Stichwort. Es musste eine galante Überleitung gefunden werden und dann wieder zwei Minuten referiert werden. Nach drei Durchgängen wurde der Redner durch einen von mir bestimmten Nachfolger abgelöst.

Die Anfänge gestalteten sich äußerst zäh. Nach dem Stichwort „Fußball" meinte der Elektroniker „Ich mag doch überhaupt kein Fußball" und dachte, er sei damit aus dem Schneider. „Dann reden Sie doch darüber", war meine Aufforderung. Das nächste Stichwort war dann „Spanien" und der Mann hatte es naturgemäß leicht (Real Madrid-Urlaub-Strand etc.). Nach einigen Freitagen machte sich die Übung spürbar bemerkbar. Die Teilnehmer haben es immer noch gehasst, aber sie wurden besser bis brillant in ihren Leistungen. Langsam und vorsichtig konnte ich unser eigentliches Thema Vorstellungsgespräche mit der Aufforderung „Erzählen Sie doch einmal etwas über sich" wieder aufnehmen. Die guten Ergebnisse sprachen für sich!

Überraschendes Feedback

Damals bekamen alle einen Job, manche früher, manche später. Mit einigen bin ich in sozialen Medien verbunden und erfahre so manchmal Aktuelles von ihnen. Von anderen habe ich Jahre nicht mehr gehört.

Eindrucksvoll zurück gemeldet hat sich der damals zur Gruppe gehörende Tiefdrucker. Er kam Monate später wieder an den Trainingsort, es lief ein neuer Kurs, und wollte mich unbedingt sprechen. „Herr Felske, ich möchte mich bei Ihnen bedanken", meinte er gleich zur Begrüßung. „Danke schön, sehr freundlich. Aber wieso denn überhaupt", fragte ich und bat ihn ins Büro. Nachdem er mit einem Pott Kaffee versorgt war begann er zu berichten.

„Es gab eine Stellenanzeige in einer Tageszeitung. Dort wurde ein Maschinen- und Anlagenführer in einem japanischen Unternehmen gesucht. Ich habe mich sofort beworben und wurde nach zwei Wochen zu einem Vorstellungsgespräch eingeladen. Das Gespräch lief aus meiner Sicht recht gut. Es dauerte allerdings länger als eine Stunde. Geendet hat dieser Termin mit dem üblichen Spruch „Wir melden uns dann bei Ihnen!" Das taten sie dann auch. 14 Tage später saß ich nämlich im gleichen Betrieb zum zweiten Vorstellungstermin. Allerdings waren wir nicht nur zu viert wie beim ersten Termin. Aus Japan war ein Teil der Führungsriege angereist: Ich allein und die Firmenvertreter zu acht. Sie können sich vorstellen was in mir abgegangen ist. Als ich das erfuhr war ich war aufgeregt wie verrückt. Und jetzt kommt der Grund dafür, dass ich mich bei Ihnen unbedingt bedanken muss. Nach einigen normalen Fragen und der Aufforderung „Erzählen Sie etwas über sich" folgte ein bemerkenswerter und für mich höllisch komplizierter Auftrag. Die Chefs aus Japan verlangten von mir in exakt 20 Minuten den Weg des Papiers durch meine ehemalige Tiefdruckmaschine zu beschreiben. *(Anmerkung des Autors: Eine Tiefdruckmaschine ist riesig und kann schon mal eine mittelgroße Fabrikhalle füllen.)* „Bitte reden Sie exakt 20 Minuten, nicht 19, aber auch nicht 21 Minuten. Die Uhr für Sie hängt dort oben an der Wand", meinten die Firmenvertreter. Herr Felske, ich habe Blut und Wasser geschwitzt, kaum auf die Uhr geschaut und erzählt, berichtet, mit Gesten demonstriert bis die 20 Minuten um und das Papier fertig bedruckt aus der Maschine heraus war."

„Und dann", fragte ich neugierig.

Der Bewerber erzählte weiter „Das Gespräch war danach vorbei. Ich wurde gebeten draußen etwas zu warten. Als ich wieder in den Raum kam, ließen die Chefs aus Japan die Katze aus dem Sack. Sie hatten sich nicht auf die weite Reise nach Deutschland gemacht um einen Maschinen- und Anlagenführer zu casten. Der Betriebsleiter werde in einem Jahr in Rente gehen und ich sollte der neue Betriebsleiter werden. Davon dürfe allerdings noch niemand wissen. In diesem Jahr sollte ich an allen Maschinen des Unternehmens arbeiten, damit ich neuen Mitarbeitern später als Betriebsleiter alles genau erklären kann. Deshalb auch die Aufforderung den Weg des Papiers zu beschreiben." Der Mann war ganz außer Puste.

„Und jetzt", fragte ich.

„Ich hab´ den Job. Im Vertrag ist der Ablauf genau festgehalten. Ich bin also Betriebsleiter in Lauerstellung. Noch acht Monate, dann übernehme ich die Position von meinem Vorgänger."

„Herzlichen Glückwunsch! Ich freue mich sehr für Sie" gratulierte ich meinem ehemaligen Kursteilnehmer.

„Ohne Sie und Ihr ewiges Sprechdenkentraining hätte ich das niemals geschafft 20 Minuten über den Weg des Papiers durch die Maschine zu reden. Niemals."

Ich lachte. „Sie alle haben es damals gehasst, stimmt´s?"

„Ja, und wie. Aber meinen Job habe ich genau diesem Training zu verdanken. Ohne wäre ich vielleicht noch arbeitslos, aber auf keinen Fall Betriebsleiter in spe."

Soweit das tolle Feedback. Nutzen Sie die Übungsmethode dieser Broschüre und gehen Sie den Weg von Übung über Gewohnheit Richtung Erfolg. Genauso wie der Drucker in dieser Geschichte!

FRAGEN IM VORSTELLUNGSGESPRÄCH:

SPRECHEN SIE DAS WORT

"DOPPELPUNKTPAUSE"

EINMAL LANGSAM AUS, DANN WISSEN SIE WIE LANGE EINE PEINLICHE PAUSE ANDAUERT.

HTTP://ANDERSBEWERBEN.WORDPRESS.COM

Schlagfertigkeit verhindert peinliche Pausen

Schauplatz Bildungsträger: Es ist Mittagspause und ich sitze im Foyer an einem Tisch. Ein Kursteilnehmer kommt vorbei und entdeckt ein Stellenangebot das als Ausschnitt einer Tageszeitung auf dem Tisch liegt.

„Herr Felske", fragt der Teilnehmer, ein Fachlagerist, und zeigt dabei auf das Angebot, „das ist von vor zwei Wochen. Was meinen Sie, lohnt es sich dort noch anzurufen. Ich will fragen ob der Job noch zu haben ist."

„Na klar. Sie haben ja nix zu verlieren. Gehen Sie in mein Büro. Dort können Sie in Ruhe telefonieren", bot ich ihm an.

Ein Schwupps und der Lagerist war mit dem Papierschnipsel verschwunden. Als die 30minütige Pause sich ihrem Ende näherte, war von dem Lagermann immer noch keine Spur. Ich begann meine Bewerbungsaktivitäten im PC-Raum halbherzig, denn diese Aktion ließ mir keine Ruhe. Als ich gerade aufstehen und ins Büro laufen wollte, kam der Lagerist mit hochrotem Kopf in den Computerraum. Er schüttelte sprachlos seinen Kopf.

„Was war los", fragte ich ihn.

„Das können Sie sich nicht vorstellen. Ich, ja, ich rufe da an, es meldet sich ein Mann und ich frage ihn, ob die Stelle noch frei ist."

„Und dann?", fragte einer der anderen Teilnehmer. Mittlerweile hatten sich fünf bis acht Leute um uns geschart. Die meisten hatten von seiner Aktion etwas mitbekommen. Alle waren verständlicherweise neugierig.

„Ja dann, dann antwortete er mir. Ja, die Stele sei noch frei. Und: gut dass ich anrufe, denn er sei verantwortlich für das Personal und also auch für diese Stelle. Dann fragte er mich, ob ich denn ein paar Minuten Zeit hätte."

Die Zuhörer hatten verstanden. Einige hielten die Hand vor den Mund, andere feixten oder prusteten leise vor sich hin. Ein „Ach Du Sch…." War auch zu hören.

„Ja, na klar habe ich Zeit. Er freute sich und wollte gleich ein paar Sachen von mir wissen. Erzählen Sie mir doch etwas über sich, bat er mich. Ich dachte mich trifft der Schlag. Aber, Herr Felske, wir haben das ja bis zur Oberkante Unterlippe geübt. Also hab´ich es dem Mann gezeigt, was ich so drauf habe. Ein Wort gab das andere und ich habe geredet, geredet, erzählt, berichtet und am Ende…"

„Ja was?", fragte ich.

„Am Ende hat er mich zu sich in die Firma eingeladen. Ich soll mein Abschlusszeugnis mitbringen. Er meinte, ich käme als Mitarbeiter in Frage. Allerdings möchte er mich erst noch persönlich kennen lernen. Nächsten Montag bin ich bei ihm."

Der Lagerist war völlig geschafft, aber begeistert. Er hat ein Bewerbungsgespräch am Telefon erfolgreich absolviert. Am Telefon ist dies um einiges schwieriger, da in der Kommunikation die Körpersprache fehlt. Sie macht im persönlichen Gespräch einen Großteil aus. Am Telefon kommt es mehr auf die sachlichen Dinge, die Inhalte und die Art zu sprechen an. Ich kann jedem nur raten sich auf telefonische Bewerbungsgespräche sehr gut vorzubereiten. Wer sein Sprechdenken trainiert hat, ist absolut im Vorteil. Ich sage Ihnen auch gerne warum.

Stellen Sie sich einmal vor Ihnen wird die Frage „Warum soll ich Sie einstellen?" gestellt. Sie sind vorbereitet und antworten prompt. Dann haben Sie Ihren Job gut gemacht.

Doch jetzt stellen Sie es sich einmal anders herum vor. Sie sind der Personaler, haben diese Frage gestellt und der Kandidat antwortet erst nach ca. fünf Sekunden. Was denken Sie in diesem Fall? Denken Sie, dass der Bewerber sich gut kennt, sich Informationen über Ihre Firma besorgt hat und ausgesprochenes Interesse an Ihrem Betrieb hat? Wohl kaum.

Jede zu lange Pause in der wörtlichen Rede wirkt umgehend peinlich. Genau genommen, sehr schnell. Profis sagen am Telefon wirkt jede Pause peinlich, die länger dauert, als es braucht das Wort „Doppelpunktpause" langsam auszusprechen. Also ungefähr so: „D-o-p-p-e-l-p-u-n-k-t-p-a-u-s-e." Wenn Sie das einmal aussprechen, wissen Sie warum es sich absolut lohnt meine Trainingseinheit in dieser Broschüre zu absolvieren. Übrigens: Eine strukturierende Pause dauert so lange wie es braucht das Wort „Pause" langsam auszusprechen!

FRAGEN IM
VORSTELLUNGSGESPRÄCH:

ÜBRIGENS: EINE NORMALE
REDEPAUSE ZUR STRUKTURIERUNG
DES REDEFLUSSES DAUERT SO
LANGE WIE DAS WORT P- A- U- S- E
AUSZUSPRECHEN.

HTTP://ANDERSBEWERBEN.WORDPRESS.COM

18

Schlagfertigkeit verhindert Blackouts

Schauplatz Vorstellungsgespräch: Michael Felske heißt der Kandidat. Einer der fünf Fragesteller, die ihm gegenüber sitzen, stellt eine Frage, die der Kandidat scheinbar akustisch – eher inhaltlich nicht versteht und dumm aus der Wäsche schauen könnte. Klar, denn er weiß nicht was er sagen soll. Trotzdem kommt keine peinliche Pause auf, denn der Bewerber bittet den Fragesteller **sofort** ob er die Frage noch einmal wiederholen könnte. Das Wichtige hierbei ist das Wörtchen „sofort", denn jede verstrichene Sekunde kostet in diesem Zusammenhang wichtige Punkte. Am Ende stellte sich heraus, dass die Frage an und für sich überflüssig war, da bereits vorher über das Thema gesprochen wurde.

Wenn Sie ein bestimmtes Maß an Schlagfertigkeit erreicht haben, dann kennen Sie keine peinlichen Pausen. Ihnen wird immer etwas einfallen um die Situation für Sie zu retten.

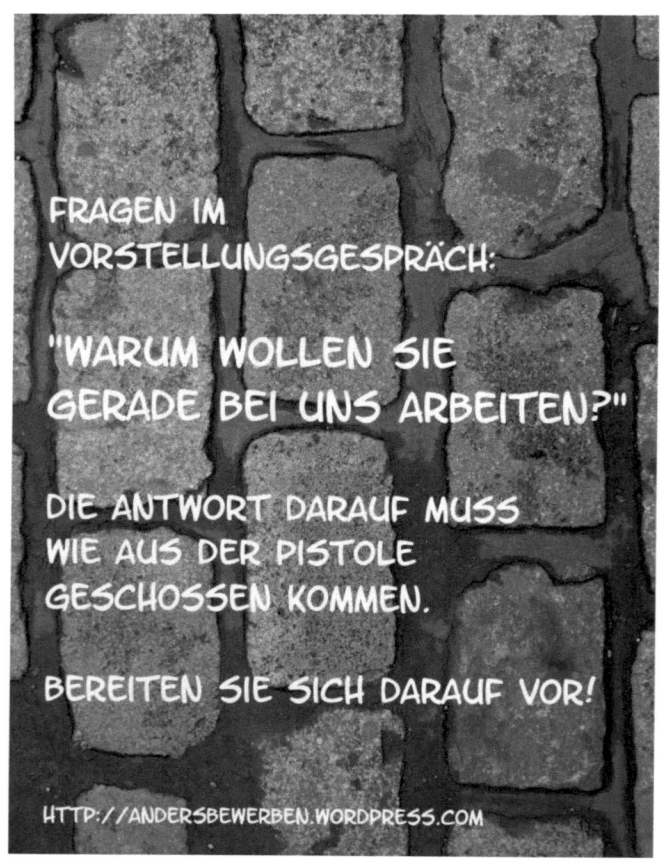

FRAGEN IM
VORSTELLUNGSGESPRÄCH:

"WARUM WOLLEN SIE
GERADE BEI UNS ARBEITEN?"

DIE ANTWORT DARAUF MUSS
WIE AUS DER PISTOLE
GESCHOSSEN KOMMEN.

BEREITEN SIE SICH DARAUF VOR!

HTTP://ANDERSBEWERBEN.WORDPRESS.COM

Schlagfertigkeit = Selbstbewusstsein!

Und wieder ist es an der Zeit die Perspektive zu
wechseln. Sie sind der Fragesteller im Vorstellungsgespräch. Ihr Kandidat antwortet sofort, aus Ihrer Sicht
aus offenen Herzen und ehrlich. Er macht keine Pau-

sen, schaut nicht an Ihnen vorbei und ringt nicht mit den Händen unter dem Tisch. Was denken Sie?

Na klar! Der Mensch kommt gut bei Ihnen an. Er erscheint selbstbewusst und überzeugend. Er kennt sich, weiß viel über seine Kompetenzen und hat sich über das Unternehmen seiner Wahl informiert. All das kommuniziert er flüssig und erzählt so, dass Sie gerne zuhören. Er kommt einfach selbstbewusst rüber. Schlagfertigkeit verhilft Ihnen also zu Selbstbewusstsein. Und das können Sie in jeder Bewerbungssituation sehr gut gebrauchen.

Ich schreibe immer wieder von Vorstellungsgesprächen und Schlagfertigkeit in Zusammenhang mit Bewerbungsverfahren. Ganz sicher kommt ein trainiertes Sprechdenken auch Schülern und Studenten, die Vorträge halten und am Ende auch Prüfungen absolvieren müssen zu Gute. Folglich ist es prima, wenn Sie dieses recht einfache Prinzip weiter kommunizieren und wenn es auf einer Party ist.

Training mit Stichworten

Auf den folgenden Seiten finden Sie Vorlagen für Stichwortkärtchen. Kopieren Sie diese idealerweise auf Karton oder 120 g-Papier, schneiden Sie sie auseinander und schon haben Sie die besten Voraussetzungen für Ihre erste Trainingseinheit vor sich liegen.

Machen Sie mit den Stichwortkärtchen verschiedene Stapel und legen Sie sie vor sich mit dem Text nach unten auf den Tisch. Sie brauchen jetzt nur noch eine Uhr, denn das „Spiel" geht wie folgt:

Sie schauen auf die Uhr, ziehen eine Karte, lesen das Stichwort und beginnen sofort mit Ihrem Stegreifvortrag zum Thema der gezogenen Karte. Dabei behalten Sie die Uhr im Blick, denn nach ca. 120 Sekunden müssen Sie eine neue Karte ziehen.

Ihre Aufgabe ist es nun, eine geschickte Überleitung zum neuen Thema zu moderieren. Nach 120 Sekunden ziehen Sie wieder eine neue Karte.

Wenn Sie besser in Übung sind, können Sie aus den zwei Minuten gerne auch vier oder fünf machen. Erfahrungsgemäß sind für die ersten Schritte 120 Sekunden ideal für einen gelungenen und einfachen Einstieg in das Training.

Das Gute daran ist: Mit jedem Thema wird Ihnen das Reden leichter fallen. Viel Erfolg!

Sex	Shoppen
Fussball	Freundin
(Ehe-)Frau	Autos
Karriere	Kinder
Chef	Urlaub
Bücher	DVDs

Wahre Liebe	Oldtimer
American Football	Die Ex
Fernsehen	Der Ex
Sport	Kumpel
Körperpflege	Arbeit
Beruf	Hobby

Alkohol	Verwandtschaft
Winterurlaub	Sommerurlaub
Krank feiern	Smartphone
Frisörbesuch	Bart
Sonnenbad	Social Media
Tablet	HD-TV

Fremdgehen	Formel 1
Schwiegermutter	Urlaub am Strand
Urlaub in den Bergen	Wandern
Segeln	Tauchen
Mountainbiken	Boxen
Vorbild	Bester Freund

Rauchen	Pfeife
Zigarre	Latina
Latin Lover	Kreuzfahrt
Schwangerschaft	Erstes Kind
Geburt	Haustiere
Kegelclub	Netzwerken

Chef	Urlaub
Gemeinsame Zeit mit Partner/in	Kinder
Karriere	Schuhe
Partner	Freundin
1. Bundesliga	Fußball
Make up	Familieneinkauf

Tratschen	Mobbing
Home Office	Wenn ich drei Wünsche frei hätte, dann…
Mein(e) Lieblingskollege(in) ist…	Wenn ich einen Wunsch frei hätte, dann…
Ich kann am besten…	Beruflich hasse ich…
Soft Skills	Fachliche Kompetenzen
Stärken	Schwächen

Musik	Tanzen
Disco	Schlager
Hard Rock	Pop
Helene Fischer	Klassik
Mein tollstes Konzert war…	Meine Lieblingsband ist…
Musikinstrument	Ich spiele (Instrument)…

Januar	Februar
März	April
Mai	Juni
Juli	August
September	Oktober
November	Dezember

Schmuck	Ohrringe
Halskette	Armreifen
Ring	Ehering
Manschettenknöpfe	Haarreifen
Piercing	Tatowierung
Hochzeit	Hochzeitsnacht

Online-Shoppen	Ebay-Auktionen
Onlinebanking	Singlebörsen
Youtube-Videos	Eigene Homepage
What´s app	Facebook
Twitter	Xing
Instagram	Stayfriends

Liebe	Zuwendung
Wollust	Wonne
Sinnestaumel	Schutz
Glückseligkeit	Empfindsamkeit
Anmut	Augenweide
Kuscheln	One night stand

Lustlosigkeit	Antipathie
Nebenbuhler	Nebenbuhlerin
Rache	schonungslos
Vorurteil	Beklemmung
Unlust	Aversion
Mobbing	Neid

Sport	Sportarten
Sportler	Sportlerin
Mannschaft	Training
Trainingsplan	Sieg
Wettkampf	Niederlage
HSV	Bayern München

Urlaub	Blauer Himmel
Hotel	Pension
Campingplatz	Wohnmobil
Café	Surfen
Sonnenliege	Sonnenliege mit Hand-tuch reservieren
Badehose	Bikini

Sabbatjahr	Malediven
Karibik	Flugreise
Eisdiele	Pool
Wellenreiten	Fünf Sterne-Hotel
All inclusive	Animateur
Animateurin	Blond oder brünett?

Zug verpasst	Toilette
Keine Toilette	Rucksack
Verspätung	Gepäck
Koffer	Bahnhof
Flugplatz	Reise buchen
Geldautomat	Gepäck weg

Tasche	Telefon
Handy	Reisepass
Visum	Abflug
Ankunft	Flugticket
Zollkontrolle	Schmuggeln
Sonnenbrand	Wellenreiten

Kirche	Glauben
evangelisch	katholisch
Gottesdienst	Pfarrer
Priester	Bibel
Abendmahl	Ostern
Weihnachten	Jesus Christus

Jobsuche	Arbeitslose
Hartz 4	Bewerbung
Lebenslauf	Telefoninterview
Vorstellungsgespräch	Nachfassen
Bewerbungsfoto	E-Mail-Bewerbung
Schriftliche Bewerbung	Arbeitsvertrag

Überstunden	Schichtarbeit
Teilzeitjob	450 €-Job
unbezahlte Überstunden	Überstunden abfeiern
Stempeluhr	Kollegen
Traumjob	Desaster
größte berufliche Niederlage	größter beruflicher Erfolg

Auch als Partyspiel geeignet

Wenn Sie auf einer Party nicht immer die gleichen (Trink-) Spiele spielen möchten, dann versuchen Sie es doch einmal mit dem Sprechdenkentraining aus dieser Broschüre. Sie bestimmen dabei die Regeln. Denkbar ist folgendes: Wer es nicht schafft zwei Minuten über ein Thema zu reden, muss ein Glas irgendeines alkoholischen Getränkes auf ex trinken. Alternativ dazu besteht auch die Möglichkeit, dass dann alle etwas trinken müssen. Sie und Ihr Getränkevorrat entscheiden! Für den Einsatz bei einer Party empfehle ich z.B. Themen aus den Bereichen Liebe, Sex und Partnerschaft.

Über mein Anders-bewerben-Blog

 Unter der Adresse andersbewerben.wordpress.com finden Sie mein Blog, das sich umfassend mit dem Thema Bewerbung befasst. Anleitungen für Bewerbungsbriefe finden Sie dort ebenso wie mögliche Antworten auf Fragen des Vorstellungsgesprächs, Anleitungen Arbeitszeugnisse zu decodieren und vieles mehr.

Ganz besonders ans Herz legen möchte ich Ihnen den Beitrag „Eine Industriekauffrau wirft ihren Haken aus". Hier geht es um die Antwort auf die Aufforderung „Erzählen Sie etwas über sich." Auch hier bekam ich ein positives und zugleich außergewöhnliches Feedback auf den Vortrag, den ich gemeinsam mit der Kandidatin erarbeitet habe.

UNZULÄSSIGE FRAGEN IM
VORSTELLUNGSGESPRÄCH:

WIE SIND SIE SEXUELL
AUSGERICHTET?"

DIESE FRAGE ZIELT AUF DIE
INTIMSPHÄRE AB.

HTTP://ANDERSBEWERBEN.WORDPRESS.COM

Über meinen Account bei Instagram

Geben Sie „andersbewerben" in der Suchmaske bei Instagram ein, dann finden Sie rasch meinen Account rund um das Thema Bewerbung. Hier serviere ich Schrifttafeln mit einzelnen Bewerbungstipps.

Über den Autor Michael Felske

 Der Soziologe Michael Felske war nach dem Studium der Publizistik, Soziologie, Psychologie und Politik ein Jahrzehnt als Unterhaltungskünstler mit einem eigenen Theater tätig. Später nahm er ein Angebot eines großen Tageszeitungsverlages an und arbeitete weitere zehn Jahre als verantwortlicher Alleinredakteur. In diesem Zeitraum brachte ihn eine Pfarrerin auf den Gedanken in der Erwachsenenbildung tätig zu sein. Auf Familienwochenenden für diese Kirchengemeinde folgten beinahe zwei Jahrzehnte als Bewerbungstrainer und Coach. Spezialität waren stets Vorstellungsgespräch und die Vorbereitung von Präsentationen. Publizistisch ist Felske aktiv im Themenbereich „Demenz" tätig: Es existieren sieben Veröffentlichungen zur sogenannten „10-Minuten-Aktivierung". Als Bücher in Planung sind „Erzählen Sie etwas über sich!", „Vorstellungsgespräch erfolgreich absolvieren" und „Das einfache Rezept für Ihre erfolgreiche Bewerbung".
Aktuell (2018) ist der Autor als Angestellter im öffentlichen Dienst im Bereich Arbeitsvermittlung tätig.